UNE ÉPOQUE FABULEUSE

Fables contemporaines

CHRISTIAN ROBERT

UNE ÉPOQUE FABULEUSE

Fables contemporaines

Préface de Rodolphe Guerra

Illustrations de Martin Bafoil

© Christian ROBERT, 2025.
© Rodolphe GUERRA pour la préface, 2025.
© Martin BAFOIL pour les illustrations, 2025.
Couverture : © Louise Lissonnet, 2025.
Édition : BoD · Books on Demand, 31 avenue Saint-Rémy, 57600 Forbach, bod@bod.fr
Impression : Libri Plureos GmbH, Friedensallee 273, 22763 Hamburg (Allemagne)
ISBN : 978-2-3225-5965-7
Dépôt légal : juin 2025.

Préface

Ah ! Il m'en souvient comme si c'était hier, de ce rieur matin d'automne où je fis la connaissance de celui qu'on ne désigne plus autrement de nos jours que sous l'auguste titre de Maistre Christian.

Je m'étais levé de fort belle humeur, d'une part parce que les ventes de mon dernier roman marchaient gaillardement vers les quinze exemplaires, et d'autre part parce qu'un doux parfum faisait frissonner ma narine. Parfum ? Que dis-je ? Fragrance : il s'agissait de l'excellente odeur des brioches au calva dont Vincent, mon fidèle majordome, a le secret.

Las ! Il était écrit que les brioches attendraient : j'en étais à revêtir ma robe de chambre brodée de fils d'or lorsque ce bon Vincent vint m'avertir qu'un vilain en guenilles frappait à mon huis en implorant une aumône.

Il n'est certes pas dans mes habitudes de refuser la charité aux nécessiteux, mais j'ai toujours eu pour principe qu'un vrai chrétien connût le goût de l'effort et la satisfaction de la besogne accomplie (il ne faut jamais donner gratuitement, ceci est un adage !) Aussi, je laissai patienter le gueux dans l'antichambre, le temps de faire mes ablutions, le temps aussi de trouver quel ouvrage, même minime, même symbolique, pourrait justifier que je lui eusse jeté une ou deux piécettes. Mansuétude, quand tu nous tiens !

Enfin, le misérable parut à mes yeux, tors et servile comme tous ceux de sa race. De longs filets de bave s'égouttaient de sa bouche tordue par la faim, ce qui eut pour effet immédiat de m'attendrir : je lui promis un morceau de brioche s'il parvenait à me charmer par l'un ou l'autre de ces tours que ces manants possèdent et qui amusent tant les petits enfants.

— Comment te nommes-tu, drôle ? demandai-je en essayant d'oublier les scrofules qui ornaient son faciès.

— Je me nomme Christian Robert, mon maître, bredouilla-t-il.

— Sais-tu faire bouger tes oreilles, Christian ? Ou peut-être jongles-tu avec des nains, par exemple ?

— Nenni, mon maître, mais j'ai de l'esprit : fol qui ne rit pas à mes saillies !

— Bigre quelle promesse ! Je t'écoute, mon ami : déride-moi donc ! Allons !

— Eh bien ! Voyez-nous, mon maître, si j'avais un frère, nous formerions une paire...

— Une paire ?

— Une paire de Robert, mon maître !

C'était pourtant vrai : le bougre avait de l'esprit ! Mais je voyais dans son œil mesquin que, pour m'avoir ainsi amusé, il se croyait arrivé ! Il tenait déjà le morceau de brioche pour acquis ! Je ne pouvais encourager pareille fatuité. Je séchai donc discrètement mes larmes de joie et lui ballai un soufflet en déclarant simplement :

— Ne me fais pas perdre mon temps avec tes gaudrioles : c'est ici une demeure sérieuse ! Sais-tu faire autre chose ou dois-je te renvoyer aux frimas ?

Alors, retroussant ses haillons, dans un geste outré, Christian extirpa un vieux cahier graisseux de ses hauts de chausses où il le tenait serré et l'ouvrit à la première page :

— Mon maître, je chante ! annonça-t-il.

Et, enchaînant aussitôt, il se mit à déclamer les vers qu'il avait composés au gré de ses errances dans le vent et la froidure :

— *Vivons cachés afin de vivre heureux /Dit-on. Ajoutons : et silencieux. /La Sauterelle, triturant un brin fragile /De ses mandibules agiles ...*

Je demeurai pantois, à l'écouter psalmodier ses histoires où se mêlaient la cruauté et la tendresse, l'orgueil et l'humilité, l'altruisme et l'égoïsme, en une harmonie qui confinait parfois au génie, tant elles évoquaient pour l'esprit cultivé les grands poètes que firent la Gloire de notre civilisation. Ainsi, *ce crabe, dodu et poils aux pattes*, n'était-ce pas la vivante image de l'immense chanteuse Régine (reine de la nuit ?) Et cette Puce, qui *paressait et parlait, repue, /Sur le dos d'un buffle, ventre offert à la nue*, ne faisait-elle pas écho au poème de Carlos *Big Bisou* ? Et cette jeune motocycliste, cette *Perrine qui s'en revenait à la ville/Juchée sur son scooter bicylindre Honda*, quel sot n'y aurait vu une savante réminiscence de *La*

Zoubida, du poète Lagaf et de *L'Homme à la moto* de la chansonnière Edith Piaf !

Et, tandis que Christian, désormais juché sur un meuble (ces saltimbanques ont toutes les audaces) chantait à tue-tête ses vers en se déhanchant d'une façon provocante, je constatai que mon bon Vincent le mangeait littéralement des yeux en poussant d'effroyables sanglots !

La suite, hélas, n'était que trop prévisible : envoûté autant par les maigres cuisses velues du baladin que par ses fables (car c'était de fables qu'il s'agissait), Vincent l'emporta dans ses bras puissants et ils disparurent à l'horizon de mes glaïeuls, oubliant là le précieux cahier qui recèle ces trésors de poésie.

Depuis, ils sont en ménage et passent le plus clair de leur temps à conter les aventures d'une espèce de policier qui a pour nom Magret, ou Sholmes... peut-être Poireau, je ne sais plus exactement. Ils se lisent mutuellement leurs chapitres le soir, devant l'âtre qui crépite, après qu'ils ont souillé de leur encre des pages de parchemins, étendus sur une moquette moutonneuse.

Les fables de Christian sont devenues des tubes éructés par des rappeurs à bonnets de laine qui n'en comprennent pas les paroles mais comme ils ne comprennent pas non plus la musique, ce n'est pas bien grave. Et les dollars s'amoncèlent, et les achats immobiliers à Dubaï se succèdent, et les ménagères en blouses à fleurs lancent leurs gaines de maintien sur le passage de Maistre Christian...

Et moi j'ai fini toutes les brioches. Et j'erre dans mon manoir, privé de mon majordome. Privé de mon majordome, mais nanti de nouveaux compagnons et de nouvelles compagnes qui peuplent le livre de Fables de Christian : *la Sauterelle, Les Deux Bramines, La Princesse, le*

Chevalier et le Dragon, les ânes et l'Amateur de minuscule et les autres qui en une subtile alchimie unissent la forme classique à notre monde peut-être un peu trop moderne.

    N'empêche : *une paire de Robert* ! J'en ris encore.

R. Guerra

1
La Sauterelle, le Grillon et la Cigale en concert

Vivons cachés afin de vivre heureux,
Dit-on. Ajoutons : et silencieux.

La Sauterelle, triturant un brin fragile
De ses mandibules agiles,
Sur une feuille nonchalamment allongée
Comme dans un hamac, au-dessus d'un vert pré,
Comptait sur le bout des griffes les pieds
De vers irréguliers.
Elle stridulait à la cantonade
En une lancinante aubade
Le résultat de sa computation.
Poétesse à ses heures,
Elle voulait en chantant corriger les mœurs.
C'était une moraliste par vocation.
Un grillon qui trempait ses pieds dans l'eau

D'un tout proche ruisseau,
Au détour d'une strophe,
Le sautereau[1] apostrophe :
— Ami, dit le gril, foin de vers et foin de prose,
Mais de la musique avant toute chose !
Vous entêter à corriger les gens,
C'est gâcher votre temps.
Distrayez, faites chanter ou baller plutôt.
Vous y gagnerez plus de gloire et de profit.
Composez-nous quelque bon métal,
Quelque sacrée bombe de bal
Un air terrible de charivari
Quelque tube choc.
Formons là-dessus ensemble un duo,
Que nous posterons sur Tiktok.
De partout nous en reviendra l'écho.

---

[1] Sauterelle ou sautereau, le sexe du personnage, ou son genre, comme on voudra, importe peu dans cette fable.

Cela nous rendra populaires,
Nous gagnerons force sous avec nos lanlaires.
Sitôt dit, sitôt fait. Nos deux scieurs de long
Entament à deux voix leur chant à mille tons.
Une cigale se joint à eux. Dans la plaine,
L'enfer sonore se déchaîne.
On croirait ouïr une vraie *rave party*
Dans la jungle herbeuse du Midi.
Vint à passer un croquant.
Le bruit que nos trois bêtes font l'agace,
Il court à les chasser, les fourre en sa besace.
Et avec de tels appâts sonnant
Propres à gigoter vifs au bout de l'hameçon
S'en va taquiner le brochet et le goujon.

2
Le Crabe et la Crevette à la télé

Le crabe, dodu et poils aux pattes,
Pinces luisantes, en mal d'amour,
Tourteau solitaire, bonne pâte,
À son rendez-vous[2] de télé court.
Devant l'objectif chacun s'étale.
La crevette se met donc à nu
Comme une marguerite sans pétale,
Répand l'intime comme le superflu.
La belle adore trop baller,
De ses antennes agiter les Réseaux.
Tourteau préfère les méridiennes,
À l'ombre si fraîche des ormeaux.
Elle minaude, telle une Parisienne,

---

[2] Rendez-vous : *date*, en anglais. *First Dates (Premiers rendez-vous)* est une émission de télé-réalité d'origine états-unienne qui a été adoptée par le vieux continent.

Tourteau sait à peine articuler[3]
Quatre mots, et encore, c'est trois de trop.
Tout à l'autre bout de l'œil électronique,
Sur ses écrans les observe le public,
Aiguisant à l'avance ses crocs.
Les candidats à l'hymen,
Incapables de se dire amen,
Retournés à l'eau,
Qui croquera la crevette,
Qui bouillabessera le tourteau ?
Et les plus voraces se font une fête
De se payer les deux tourtereaux.

Amours au public en pâture livrées,
Ainsi finirez-vous en pâtées.

---

[3] Rime baller-articuler : audacieuse innovation de *rythmus quinquepartitus*.

Abominable calomnie !
Le saint tombe des nues.
« Moi, agresseur, violeur ? En bloc je nie. »
D'ailleurs aucun homme ne les a vues,
Ces femmes-là, entre ses mains,
Toutes comédiennes qui rêvent à demain.
Comme le bon docteur Cordelier[5]
Excusait son méchant Opale,
L'acteur ne se sent pas lié
À tous ses actes de bonhomme sale.
C'est lui qu'on souille, son honneur qu'on gruge !

Nul de soi-même n'est bon juge.
Las ! Si en lui le monstre rit,
À tout coup l'homme nie.

---

[5] Cordelier et Opale, personnages du *Testament du docteur Cordelier*, film de Jean Renoir, 1959, adaptation non créditée du célèbre roman de Robert Louis Stevenson, *L'Étrange Cas du docteur Jekyll et de M. Hyde*, 1886.

Car, de nuit, l'a fort tourmenté une vermine
Qui se muche de jour dans ses replis
Ou ceux de la terre comme une ennemie.
Le croquant prend fait et cause pour son légume,
À son pied un poison, il présume,
Vengera l'offense faite au chou.
En effet, c'est de la bière ou
Cervoise qui est servie à la coupe.
Du Diable si l'affaire loupe.
Limace se régale, s'enivre, se noie.
Le chou en tire gloire, à l'entour on le croit,
On lui fit sa cour comme au roi du potager.
Vint un autre matin le maraîcher,
Armé d'une serpette,
Qui lui coupa la tête.
Elle roula, cuisit, bouillit dans un chaudron
En compagnie d'un morceau de jambon.

Quand on est chou, on n'échappe pas au destin

Apostropha sèchement notre pêcheur :
— Est-ce là pays où l'on mange à fantaisie
Dont la gloire a atteint les confins de l'Asie ?
— Du temps les hommes n'ont pas compris les alarmes.
Le chaud, le sec ont fondu sur le pays.
Sur ces mots, l'individu fond en larmes.
— À pleurer, vous ne remplirez qu'un dé à coudre,
Loin d'aider vos problèmes à résoudre.
Quant à moi, je gagne au nord terres plus fécondes,
Que nourrissent encore les ondes,
Fuyant de mon pays d'Orient l'inondation.
Le pêcheur s'enquiert de cette destination
Miraculeuse, et, sa gaule à la main,
Laissant là sa lotca[13] de Roumain,
Marche vers les crues du Gange et du Brahmapoutre,

---

[13] Type de barque roumaine.

Hadès sifflotant en sus d'un air détaché.
Céans, ça allait chauffer gros.

Sans pousser pourtant jusqu'au microscope
Comme un Flammarion[25] enragé de son télescope[26].
Au roman, il préférait la notule[27],
Au testament, le codicille[28].
Fénéon[29], Sternberg[30], Delherm[31] : l'œuvre minuscule

---

[24] Bésicles : vieux nom des lunettes de vue. Une des plus anciennes représentations d'un lecteur portant lunettes se trouve sur une fresque de Tommaso da Modena en 1352 dans la salle du chapitre de l'église San Nicolò de Trévise (Italie). Le moine franciscain anglais Roger Bacon (vers1220-vers1292) serait l'inventeur des lunettes, appelées aussi béricles.

[25] Nicolas Camille Flammarion (1842-1925) : astronome, vulgarisateur et spirite français.

[26] « Même sans longue-vue, mon patron voit plus facilement la poutre dans l'œil de son voisin que la poussière qui s'accumule sur les étagères de sa bibliothèque ! » Déclaration de la femme de ménage du fabuliste recueillie par un détracteur anonyme en novembre 2022.

[27] Notule : courte annotation à une texte, *Le Petit Larousse Illustré*, 2001.

[28] Codicille : DR. Acte postérieur ajouté à un testament pour le modifier, *op. cit.*

[29] Félix Fénéon, (1861-1944) : critique d'art, journaliste ayant rédigé dans la rubrique « Nouvelles en trois lignes » du Figaro en 1906, 1210 comptes rendus

16
Nasser Eddine Hodja fait deux tours d'enfer en Perse

Sachant le chah persan chassé de ses États
Nasser Eddine Hodja[39], le fameux mollah,
De son village, sur son âne légendaire,
S'en fut pour voir comment ses congénères
Au nom de la foi gouvernaient l'Iran.
Là, arrivé dans un faubourg de Téhéran,
Un mollah du cru lui grilla la priorité,
De sa main gauche un pistolet pointant,
Tandis que de l'autre, il dirigeait sa Peykan[40]
Pendus par ci et par là égorgés,

---

[39] Nasser Eddine (ou Nasreddine) Hodja : personnage mythique et populaire du monde musulman, héros comique de situations souvent absurdes dont il se tire avec brio par ses réflexions bouffonnes.

[40] Paykan : automobile produite en Iran de 1967 à 2007 sur le modèle de l'anglaise Rootes Arrow (Hillman Hunter).

18
La Chatte et les deux Rats

Au milieu des malheurs, il se trouve parfois
Des esprits justes qui en la paix gardent foi.

L'immeuble était la proie des flammes.
Chacun craignait qui pour son corps qui pour son âme.
La chatte et le rat, oubliant toutes querelles,
Se sentaient pousser des ailes.
Ils allèrent trouver refuge dans un trou
Dont un rat du voisinage avait fait son gîte,
Au havre d'un égout.
Ce rat était ennemi du premier
À cause d'une noix jadis mal partagée.
Mais nécessité a force de loi.
Dans l'infortune s'entraider on doit.
Le second rat, bon gré mal gré,

—Faut-il que je le dise ?—
Poussé aussi peut-être par la gourmandise,
J'entrai, je l'avoue, dans la serre du voisin
Où pousse une herbe succulente
Aux feuilles vertes décussées
Qui rendent la gens ovine vite appétente.
Je m'en suis régalé.
Ce fut, reconnaissez-le, sans malice.
D'ailleurs, que fait la police,
À laisser mon voisin planter l'herbe du vice
Sans le verbaliser ?
Le mouton shooté fut malgré tout condamné
À six moins de suspension de brouter.
Il fit appel, ne sut pas le délibéré :
Entretemps, on l'avait mangé.

La loi le dit expressément :
Point ne convoiteras le bien de ton voisin,
Et, comme cette fable l'a prouvé.

23
L'Araignée, la Jeune Fille et la Pantoufle

À Jeanne L., puisse-t-elle musarder
allègrement dans le labyrinthe des lois.

Sur nos paupières closes,
La nuit dépose
Avecque trois fois rien
D'étranges rêves kafkaïens.

Dans leur chambre de nuit enclose,
À l'heure où tout être repose,
Une araignée, une jeune fille et sa
Pantoufle dormaient là
En paix.
Voilà que soudain Borée s'époumone
Et que Jupiter tonne.

Et s'en fut, relogé provisoirement ailleurs.
Voyez l'effet que nous faisons.
N'est-il pas beau, n'est-il pas fascinant, ma sœur ?
Ainsi instruite, rejoignez notre cohorte,
Vous serez mieux nourrie et redeviendrez forte.
L'idée de terroriser à distance
Séduisit aussi la punaise de sacristie.
Elle saisit sa chance,
Car le lit, c'est quelque chose aussi, sapristi !

Dévie son AX du trajet fatal.
— Tant pis, dit l'ange, la suite sera plus moche.
C'eût été moindre mal.
L'homme est mi-ange, mi-démon.
En écrasant sa part de diablerie,
Je vous laissais le meilleur : son bon fond.
— Mais, je vous prie,
Que ferions-nous de ce plat refroidi ?
Voulut arguer Zadig, tout éplafourdi.
Jesrad, qui ne supportait pas le doute,
Disparut dans l'éther,
Laissant le nouveau philosophe sur la route,
Le nez en l'air,
En proie à de cruelles interrogations :
Combien d'Astartés seraient encore abusées
Puisqu'il n'était pas question
D'écraser avant preuves le vieil abbé ?

Du même auteur:

Renard & Compagnie, Fables du temps present, BoD, 2020. Préface de Pierre Thiry. Illustrations de Martin Bafoil, Rodolphe Guerra, Vincent Lissonnet, Christian Robert.

Le Corbeau & le Regard, Fables d'aujourd'hui, BoD, 2022. Préface de Christian Laballery. Illustrations de l'auteur.

En collaboration avec Vincent Lissonnet, sous le pseudonyme de Robert Vincent:

Clou d'éclat à Étretat, éditions Corlet, 2007.
Yport épique, éditions Corlet, 2008.
Un Havre de paix éternelle, éditions Corlet, 2010.
Les Dames mortes, éditions Corlet, 2010.
La Mort monte en Seine, éditions Corlet, 2011.
La Main noire, éditions Ravet-Anceau, 2013.
Satanic baby! éditions Ravet-Anceau, 2015.

3
Le Clown maître d'école

Des maîtres d'écoles étaient malades.
L'Académie, faute de remplaçant,
Trouva parmi un lot d'intermittents
Un clown diplômé ès pantalonnades.
Arrivé juché sur sa patinette,
C'est au son de sa trompinette,
Qu'il fit entrer dans la classe les écoliers.
Avec les trousses il les fit jongler.
Il leur enseigna l'art du maquillage
À la tarte à la crème,
Qui fait rire à tout âge.
Au coup de pied au cul même
Les exerça sans douleur.
Une farandole de mots en couleurs
Courut dans la cour de récréation.
Au comble de l'animation,

Un inspecteur surgit à la déloyale.
S'ensuivit une débandade générale.
Le clown s'enfuit sur des échasses.
L'Administration le pourchasse
Au volant de sa Traction.
Tous deux disparurent à l'horizon.
Une telle pagaille
Égaya la marmaille.
Enfin chacun rentra en sa maison
À cloche-pied ou à saute-mouton.

Un clown à l'école ? Parole !
C'est pas tous les jours qu'on rigole...[4]

---

[4] On aura reconnu un emprunt partiel à Georges Brassens, *La Complainte des filles de joie*, 1961.

4
La Puce sur le dos du Buffle

Une puce paressait et parlait, repue,
Sur le dos d'un buffle, ventre offert à la nue.
Elle vantait sa personne. Par le menu
Contait les exploits de ses aïeux parvenus
À peupler et conquérir l'univers.
L'un avait dit ça, l'autre fait tout de travers,
Tous avaient réussi mieux que personne
— Nous sommes dans le poil du chien comme
Dans les lits des hommes, partout maîtresses en somme.
Le bruit d'un Airbus au-dessus d'elle résonne.
Elle dit : — Nous gîtons aussi dans le cerveau
Des avions ainsi que chez les oiseaux.
De nos jours rien ne saurait fonctionner sans nous,
Si bien que d'informapuce on devrait parler
Au lieu de sotte informatique se piquer.

Les tiques —on le sait— ne valent pas un sou.
Le buffle, que ce vain babillage
Bientôt enrage,
De coups de sa queue adroite
Tente de chasser la pécore
Qui de tous les mérites se décore.
L'insecte saute à gauche, saute à droite,
Sans cesser d'assommer son hôte encorné
De ses mots, le traitant de butor, de borné.
Le buffle alors quitta d'un pas lent sa rizière
Et plongea entier dans la prochaine rivière.
La puce, emportée par les eaux,
Criait au meurtre et à l'assassinat.
En réponse le buffle lui beugla :
— Que n'êtes-vous implantée sur un bateau ?

Qui se vante à tout propos fait rire sous cape.
Puis on se lasse, on lui échappe.

5
Le Monstre qui a perdu sa sacro-sainteté

Cornegidouille ! Saperlipopette !
Sacré queutard ! Quoi ? Il a glissé sa main leste
Dans la petite culotte d'une starlette !
Ce n'est pas un beau geste.
D'un grognement, le monstre exprime son émoi.
La fillette saisie d'effroi
Appelle en vain à son secours
La gent cinématographique à son entour.
On tourne la tête, l'un avec gaîté,
—Baste ! La gloire mérite sa récompense—,
L'autre malgré tout quelque peu gêné.
Ainsi le monstre sacré aussi pense
Avec légèreté
Que toutes faveurs lui sont dues.
Quand, à force de vilaines bévues,
Il devient accusé, fausseté !

6
L'H.S.P et le dégel

La plaine était gelée. Une chaleur survint.
Et voilà la terre échauffée.
Vent, tu chassas le froid ; et c'est de là que vint
La guerre affreuse ranimée.
Du permafrost soudain fondu surgit, aigri,
L'*homo sovieticus putinensis*,
L'anti François d'Assise,
Qu'on croyait de longtemps à jamais endormi.
Sans trompes, sans tambour, et sans signaux,
Il se lève et avance, les bras armés de faux,
—Car chacun face à lui devient un ennemi—
Ignorant les changements du temps,
Jusqu'aux marches de l'Empire disparu.
Il dévaste les bois, il dévaste les champs,
Il n'est route, ni chemin, ni fleuve ni ru,
Où il ne déverse de ses troupes la cohue.

Avions, chars, canons, roquettes : tout se rue,
Détruit, écrase, piétine et ruine et tue.
Que veut-il ? Quel dessein funeste le travaille ?
—À étreindre la Liberté, cette canaille,
Et son coup sitôt fait, zigouiller la donzelle.
Qu'il se défie du sort : la Fortune est rebelle.
Tel le coq vainqueur de la fable[6], l'insolent
Risque la mort. C'est au néant,
Qu'un nouveau coup de froid heureux,
Renverrait ses hommes-loups, ses mammouths haineux,
Ses faucilles ébréchées, ses légions de marteaux.
L'*h.s.p.* disparaîtrait alors dans le manteau[7].

Au rebours de la soupe qui se mange chaude,

---

[6] J. de La Fontaine, *Les deux Coqs.*
[7] Le manteau terrestre, bien entendu : constitué de minéraux à l'état visqueux, il sépare le noyau de la croûte terrestre.

*La guerre est bien meilleure froide.
On peut pourtant lui préférer une paix tiède.*

7
L'Escroc en auto

Dans l'anglaise ville de Londres
L'escroc en auto recherche qui tondre.
Il arrête le passant étranger,
Touriste hésitant, piéton à gruger,
Un peu perdu, un peu nigaud,
Lui demande le chemin vers Heathrow,
Où son aéroplane décolle bientôt.
Le passant lui explique en mauvais anglois
Par où gagner l'endroit,
Direct, au plus tôt.
L'escroc prend l'air de ne comprendre goutte.
L'obligeant que rien ne dégoûte,
Pénètre dans l'automobile
Tente de régler le GPS,
L'autre le prend de vitesse.
Italien dans la mode si mobile,

Du blouson, de la robe, plein la valise
—Il vendrait même sa chemise—
Cède pour trois fois rien,
Tous ces précieux biens
Qu'il ne saurait remporter dans l'avion,
— N'auraient-ils pas plutôt chu du camion ?
Répond l'autre, repoussant donc le catalogue.
L'escroc se vexe, rompt là le dialogue,
Laisse sur le trottoir, penaud,
Le serviable promeneur pas si nigaud.

L'escroc à la petite semaine,
Pour gagner trois fois rien
Se donne un mal de chien,
Et bien fort se démène.
Au chaland ingénu
De se méfier car les deniers,
Hormis chez les rentiers,
Ne tombent pas des nues.

8
La Limace et le Chou

— Qui te rend si hardie de brouter mon feuillage ?
Dit le chou gras à la limace, vert de rage.
Tu seras châtiée de cette témérité.
— Là ! répond la loche, que votre sommité
Nous explique de quel croquemitaine
Elle entend éveiller la haine
À mon endroit
Contre toutes les usages du droit.
— Mon maraîcher tirera réparation
De ton impudente effraction,
J'en mets ma tête à couper.
Cela fait rire le ver.
De fait de bon matin
Le chou à son maître se plaint.
Il a mauvaise mine

Même en accusant le menu fretin.

9
La Motarde privée d'aiguade[8]

Perrine s'en revenait à la ville
Juchée sur son scooter bicylindre Honda.
Une patrouille de gendarmes l'arrêta.
— Où allez-vous ainsi casquée, ma jeune fille ?
Demande un brigadier de la maréchaussée.
On ne passe pas comme vous armée
D'une chaîne comme d'un fléau !
— Mais c'est mon antivol, je vais chercher de l'eau.
— De l'eau aujourd'hui à Sainte-Soline[9] ?
Il n'y en a plus ! C'est la faute à la bassine

---

[8] Le poète s'autorise à étendre le champ sémantique du mot aiguade à toute sorte d'approvisionnement en eau.

[9] Sainte-Soline, commune des Deux-Sèvres : lieu d'affrontements violents en mars 2023 entre forces de l'ordre et manifestants opposés au projet de réalisation sur place de 16 retenues d'eau, surnommées « bassines » par leurs détracteurs, destinées à l'irrigation en été, alimentées par pompage dans la nappe phréatique en hiver.

Dont le pompage frénétique
A épuisé la nappe phréatique.
N'avez-vous pas su la nouvelle,
Accorte mais imprudente[10] demoiselle ?
Là-bas, on manifeste et on conspue l'État,
Enfin, las, hélas, on s'y bat.
Des *black blocs* endimanchés comme vous
Attaquent, maltraitent des collègues à nous.
Perrine répond :
— Alors j'irai au beau débit de lait
Acheter deux bidons.
Ce sera ça de fait.
— Et vous reviendrez, si vous revenez,
Fort gazlacrymogénée des yeux et du nez.
Oyez mon conseil, suivez mes raisons :
Ma péronnelle, tournez les talons.
Perrine, l'air marri, fit demi-tour,

---

[10] On voit ici que le gendarme ne craint pas l'oxymore, partant le paradoxe, car *accorte* a signifié d'abord *avisée, prudente*, lit-on dans Le *Grand Robert*.

N'ayant pour son pain à mettre en son four
Ni eau, ni lait,
Maugréant dans sa jugulaire
Que le guet s'en allât faire lanlaire.
Elle dérapa et se foutit[11] par terre, bien fait.

*Voilà ce qu'à notre époque il advient
À ces gens qui veulent de l'eau au lieu de vin.*

---

[11] Pourquoi *foutre* n'aurait-il pas droit à son passé simple ? Maurice Grevisse, dans *Le Bon Usage*, Duculot, 1980, p.815, cite bien un imparfait du subjonctif : « qu'ils foutissent » sous la plume de Francis Jammes (1868-1938).

10
Le Pêcheur roumain et le Chacal doré

À force d'avoir goutte à goutte séché,
Un lac[12] était lors tout entier asséché.
Il laissait en hoirie seule une barque longue,
En son mitan, comme sur langue une triphtongue.
Là-bas, un pêcheur roumain avait pris usage
De revenir, assis dessus le banc de nage,
Pleurer l'onde perdue,
La carpe disparue.
Un chacal vint à passer, cherchant sa provende.
Il eût volontiers mis le pêcheur à l'amende.
Las, pas même le moindre fretin
Pour contenter la faim du gredin.
La bête bariolée, de fort méchante humeur,

---

[12] Le lac d'Amara, en Roumanie, s'étendait sur 132 ha, avec une profondeur maximale de 3m. Il est aujourd'hui à sec.

Avide de poisson comme une loutre.
Il y périt, avalé par le flot,
On ne trouva de lui, flottant, que son maillot.
La bête est mieux avisée d'assurer sa vie
Que ce pêcheur de suivre sa lubie.

11
Le Coyote et l'Oiseau-mouche

Messire coyote errait sur le plateau
En quête de rapine. « —Tout beau,
Lui zonzonna l'oiseau-mouche, l'énergumène !
Gardez-vous bien, si votre chemin vous y mène,
De vous saisir du bien d'autrui dans ce canyon,
Où serpente le Colorado.
Objet trouvé n'est pas cadeau.
Il vous en cuirait ; suivez donc ma leçon. »
« Fais ce que veux », professe le chien des prairies.
Ores donc du raisonneur ailé, il se rit.
À grandes foulées, le voilà au fond des gorges,
Et, ses poumons soufflant comme des forges,
Tombe en arrêt devant un chaos de rochers,
Où capes teintes l'on avait mises sécher.
Notre coyote en dérobe une, sinon deux,

S'encapuchonne de barbe à queue,
Puis s'en va faire l'élégant
Aux dépens d'autrui au fil du courant.
Soudain un bruit l'alarme, un fracas l'étonne,
Le rocher dérobé poursuit son maraudeur,
Roule impétueusement sa pesante tonne,
Hurlant à l'écho qui le résonne : « Au voleur ! »
Coyote court, coyote fuit, coyote vole.
Mais rien n'y fait. Cerf comme mouflon se désole.
L'ami blaireau même en vain s'interpose,
La roche ne marque pas de pause.
Notre forban finira écrasé !
Roule encor la pierre. Coyote est rattrapé.
Arrêt sur image, instantané :
Voici l'oiseau-mouche arrivé.
D'un trait de plume, sans se presser,
L'oiseau sorcier fige le rocher.
Coyote est sauf, quoique la queue coincée,
La cape rendue, la roche est fendue.

Le brigand libéré
Jura qu'on ne l'y reprendrait plus.

Ce conte des sages Naturels d'Amérique
Montre même leçon qu'ici outre Atlantique :
Chapitrez coquin, il vous volera,
Rossez coquin, il vous rendra.

12
Carence infernale

L'Érèbe[14] se désolait. Malgré les efforts
Des rabatteurs, sa population était au point mort.
Or Hadès et Perséphone, main dans la main,
Et remettant leurs jugements au lendemain,
Fuyaient la presse des Champs Élysées,
    Grande en cette matinée
Et pleine d'une frénésie d'achats barbare.
Ils visitaient leurs états du Tartare.
À l'apparition de leurs majestés divines,
    Les obscures sentinelles chagrines
D'avoir peu à châtier, peu à mettre à torture,
Sur-le-champ, d'espoir font bonne figure,

---

[14] Érèbe : l'endroit le plus sombre des Enfers de la mythologie gréco-romaine, il se confond ici avec le Tartare où les méchants sont punis, tandis que, comme on le sait, les bons flânent au milieu des illuminations des Champs Élysées.

Pensent à des libelles, baissent leurs piques,
Viennent en délégation déposer des suppliques
Dans les deux augustes mains tendues à baiser.
« Sires, envoyez-nous du monde à torturer!»
La tournure était galante, Hadès se pique
D'y répondre aussitôt. Aussitôt Perséphone
À son époux prête son téléphone.
Il appelle son frère au palais olympique.
— Jupin[15], as-tu là-haut quelques fort méchants
drôles
À jeter dans le Styx, le Pyriphlégéthon,
Le cruel Cocyte, le sinistre Achéron ?...
La garde brutale boit ses paroles :
— Braves gens, dit le dieu, on m'apprend à l'instant,
Qu'au pays du Mède et du Perse,
Qui porte désormais le nom d'Iran,
Règne, absolue, une théocratie perverse.

---

[15] Jupin : Jupiter en ancien français.

Au nom d'un dieu, —je me demande bien lequel–
À la terre entière elle cherche querelle ;
Son peuple même, elle le met aux fers,
Lui fait vivre sur terre les Enfers.
Quand il n'est pas battu, il est violé, pendu.
Voilà la compagnie de prêtres et de sbires,
Que Jupiter vous réserve, les pires,
Dès leur mort, de leurs crimes convaincus.
À ces mots l'Érèbe ne se sent plus de joie,
On compte en cent, en mille et au-delà sa proie.
On fourbit fourches, broches, grilles et chaudrons,
Propres à justicier les durs ayatollahs,
La populace des nervis et des mollahs,
Qui, contre des colombes, jouent aux faucons.
Pluton reprit la main de Proserpine.
Tout enflés de leur générosité divine,
Aux apprêts de la fête, ils tournèrent le dos
Galamment. Les deux dieux regagnaient leurs quartiers,

13
Le Concile des ânes

À Rome, les ânes tiennent concile.
La race à longues oreilles et à longs cils,
Portefaix docile, bête de somme,
Croqueuse de chardons, souffre-douleur de
[l'homme,
Venue de la terre entière, est représentée,
Assise dans l'assemblée.
Les plus notables des baudets y sont,
À commencer par Cadichon.
L'âne de Buridan est là,
Ainsi que la mascotte des démocrates états-uniens,
Et celui qui à Samson prêta sa mâchoire
Pour défaire les Philistins,
— Ainsi que nous le raconte la Sainte Histoire—,
Le baudet à qui doit son salut la famille
De Jésus bébé est venu exprès en Ville,

Même Lucius, l'onanthrope, est autorisé,
Tantôt homme, tantôt âne, à siéger
À mi-temps. On a tiré hors de sa prison
L'individu coupable de la peste.
Le petit âne gris a repris du service pour l'occasion,
Celui de Shrek n'est pas en reste ;
Plus qu'à son tour, il brait à l'unisson.
Bim, Balduinus, Bourriquet et Benjamin,
Ariol, Balthazar, même Eo,
Ont fait le chemin
De conserve avec Platero, Rucio, Trotro,
Seul Cannabis n'a pas rejoint le lot.
La mule du Pape est venue d'Avignon,
Invitée en observatrice, couverte de pompons,
Ainsi que des onagres et hémiones d'Asie,
Même le rhinocéros d'Ionesco est ici.
Nous comprendrons bientôt pourquoi.
L'âne Lolo fige au pinceau l'événement.
Aliboron agite une sonnette, tout devient coi :

« Mes frères, sonnons l'alarme dès à présent.
En Afrique, on nous enlève, on nous dépèce.
Peaux d'ânes valant de l'or, payées en espèces,
En Chine on nous exporte en bien principal.
Livrés à ce peuple cannibale,
Prêt à dévorer comme fourmis magnans
Tout ce qui vit sous prétexte de médicaments,
Nos frères africains auront bientôt disparu,
Et après eux, nous autres, c'est bien connu. »
À ces mots, on crie haro sur le Chinois.
Puis le concile cherche mesure de droit,
On brait à droite, on brait à gauche, on brait partout.
Quel effroi ! La peste fut de la rigolade,
L'appétit de la Chine infeste tout.
Or, se souvenant de Valladolid[16],
Culotte, sabot tendu, trouve la parade.

---

[16] Siège d'une controverse célèbre du 15 août 1550 au 4 mai 1551.

Notre grison avance un argument solide :
— Il existe une bête arrogante, massue,
Hideuse, idiote, contrefaite, bossue,
La honte de l'Afrique à l'Asie réunie,
Dont la peau épargnerait quatre à six des nôtres,
Livrons ce monstre à la convoitise ennemie,
Faisons fi du mal et foin du vilain apôtre !
La motion plut et porta Culotte aux nues ;
On l'expédia *illico* nonce à Cambaluc[17].
Chargé de peaux pesantes et puantes
De quatre-vingts chameaux écorchés dans
l'urgence.
Le Grand-Khan loua grandement la Providence,
De le pourvoir en friandises si alléchantes.
Il fit ajouter au festin par son Martin-bâton[18]

---

[17] Cambaluc (ou *Cambalou, Canbalu, Cambalec, Cambaleth*) : nom de la capitale de la Chine transcrit par Marco Polo au XIIIe siècle. Prononcer Cambalu pour les besoins de la rime.

[18] Valet armé d'un bâton. cf. J. de la Fontaine, *Fables*, Livre IV, 2, *L'âne et le petit chien*.

La peau du légat assaisonnée d'une dose
De corne pulvérisée de rhinocérose[19].

De tous temps, pour tourner la menace,
Il suffit de trouver le bouc émissaire,
À sacrifier au couteau du janissaire,
Ici le chameau, là le dromadaire.

---
[19] Rhinocérose : féminin de rhinocéros, néologisme plaisant créé pour l'agrément de la rime.

14
L'Amateur[20] de minuscule[21]

Philéas[22] n'aimait lire que petite chose
Menue, ténue[23], qu'on n'ose
Déchiffrer sans bésicles[24] ou sans loupe,

---

[20] Amateur : « Celui qui a un goût pour une chose », écrit Emile Littré (1863-1877) dans son *Dictionnaire de la langue française* (1863-1872). « En mauvaise part, ... un homme d'un talent médiocre. »

[21] Minuscule : 1634, de *minusculus*, « un peu plus petit », issu du comparatif de supériorité latin neutre *minus*, plus petit, lequel a aussi donné en français l'adverbe « moins ».

[22] Philéas : prénom d'origine grecque, de la famille étymologique de φίλος, « ami ». L'auteur, par pédanterie, s'est cru obligé d'imiter Jean de La Bruyère, (1645-1696), qui donne des noms grecs aux personnages de ses *Caractères ou les mœurs de ce siècle*, 1688, inspirés des *Caractères* ,(-319), de Théophraste d'Érésos, (-372--288). (Note de l'éditeur).

[23] Ténu, e : adjectif qualificatif qui signifie « qui est très mince, très fin, de très petites dimensions », *Dictionnaire alphabétique et analytique de la Langue Française* par Paul Robert, Société du nouveau Littré, LE ROBERT, édition corrigée, 1981. (A ne pas confondre avec le nom « la tenue », du verbe « tenir », avertissement aux lecteurs distraits).

Faisait son délice, son évangile.
Un jour au MAM[32], il entra d'un pas gaillard,
Se réjouissant de lire tous les cartels[33]
Sans se mettre en tête le martel[34]
De regarder, sinon d'admirer, pour un liard[35],

---

de faits divers, passés à la postérité grâce à leur style et leur esprit caustique, cf. Félix Fénéon, *Nouvelles en trois lignes*, Tiers Livres Éditeur, 2016.
30 Nathan Jacques Sternberg, dit Jacques Sternberg (1923-2006) : homme de lettres belge francophone excellant dans le texte très bref, auteur entre autres œuvres, de plus mille cinq cents nouvelles courtes.
31 Philippe Delerm, (1950- …) : écrivain français, auteur de *La première gorgée de bière et autres plaisirs minuscules : récits*, Paris, Gallimard, 1997, qui lui valut sa notoriété.

32 MAM : Musée d'Art Moderne ou *Modern Art Museum*, toute ville d'un peu d'importance se doit et se glorifie d'en posséder un.
33 Cartel : plaquette, étiquette sur le cadre d'un tableau, le socle d'une sculpture, portant une inscription qui identifie l'œuvre, *op. cit.*
34 Martel : forme ancienne remplacée par « marteau » (note de l'auteur). *Se mettre martel en tête*, se faire du souci, se laisser obséder par une inquiétude, *Dictionnaire alphabétique et analytique de la Langue Française* par Paul Robert, Société du nouveau Littré, LE ROBERT, édition corrigée, 1981.
35 Pièce de monnaie en cuivre de faible valeur sous l'Ancien Régime. Façon de dire que l'entrée du musée n'était pas coûteuse.

Les travaux d'artistes là-dedans exposés.
Or là stupéfaction,
Un cartel gigantesque, hors proportion,
En caractères noirs démesurés
Commentait une miniature[36] d'exception.
L'œil de Philéas gonfla si bien qu'il creva.

Oncques[37] *homme bien avisé mieux ne se porta*
Qu'à voir grand, rêver haut, qu'à penser large.
Ainsi s'allège l'humaine pesante charge[38].

---

36 Miniature : petite peinture finement exécutée, telle que scène gracieuse ou portrait, et qui est soit encadrée, soit traitée en médaillon, soit employée pour décorer une boîte, une tabatière, *Le Petit Larousse Illustré*, 2001. Curieusement, le nom n'est pas en rapport étymologique avec minuscule, comme on pourrait étourdiment s'y attendre, mais avec *minium*, nom latin du vermillon, du sulfure de mercure et de l'oxyde de plomb, « poudre de couleur rouge, utilisée dans l'enluminure des manuscrits », (cf. *Dictionnaire alphabétique et analytique de la Langue Française* par Paul Robert, Société du nouveau Littré, LE ROBERT, édition corrigée, 1981, p .427.
37 Oncques : vieil adverbe remplacé par *jamais*, autres orthographes : *onc*, *oncque*, du latin *umquam*.

38 Voilà donc une vision fondamentalement pessimiste de la condition humaine, qualifiée de charge, de la part du fabuliste, que la morale superficiellement positive n'arrive pas à masquer. C'est une bonne raison pour ne pas lire une deuxième fois cette fable déprimante. L'éditeur encourage le lecteur à déchirer la page ou à la barbouiller de noir avant d'offrir le recueil à un être cher. Lui-même n'a pas osé s'opposer à l'inclusion de ce texte sombre parmi les autres, de peur d'en venir aux mains avec l'auteur, lequel a parfois très mauvais caractère ; il se montre capable de s'emporter pour un point, une virgule, alors, imaginez donc qu'on lui dispute une fable entière…

15
Tournoi d'échecs
ou
La Princesse, le Chevalier et le Dragon

Sur un échiquier se jouait une partie.
La Princesse Blanchefleur maniait la tour,
Quérant secours à force cris.
Georges, un chevalier
Et son amour,
Sans surprise, tenait le rôle de cavalier.
Quelques pièces géantes inertes servaient
d'embarras.
Le dragon noir à qui on avait attribué le roi
Se mouvait d'un pesant pas,
Se pourléchant déjà de conquérir sa proie.
Ores voilà que s'écrie la princesse :
– Suffit, j'en ai marre, que cela cesse.
Si je suis encore princesse qu'on m'égorge !

Je me sens forte, je me veux Georges,
D'ailleurs, je descends de ma tour,
Et me vêts en cavalier.
Quant à lui—elle désignait le chevalier—
Qu'il s'habille de colifichets à son tour !
Sire dragon, fort ébaubi,
Mêle les fils de la partie.
Il ne sait plus à qui s'en prendre.
À la triste figure mâle
Qui se dandine là en robe, couronne et traîne ?
À la boîte de conserve en métal,
Qui ose à l'embrocher prétendre ?
Bref notre monstre est à la peine.
Lors il s'exclame :
— Il n'y a pas de raison.
Moi, lézard ? Sans façon !
Oiseau plutôt, haut je le proclame.
Voyez mes ailes.
Je me sens hirondelle.

Qu'on me couvre de plumes ou subito je
Quitte le jeu.
Aux *desirata* du dragon roi on accède,
De pennes de paon, de geai, de faisan
Même on le couvre et on le pare ce faisant.
Enfin, en six coups, mat, le dragon cède.
Comme ce fut une jolie partie
Nos trois joueurs furent fort applaudis.
Pour la belle, le dragon se fit princesse.
Le chevalier Georges retourna cavalier
En chaloupant un peu des fesses.
Blanchefleur devint un dragon altier.

Notre brève vie serait-elle un bal costumé,
N'ayons de cesse que nous y être amusés.
Que chacun se voie comme il veut, pourvu
Que la partie continue.

Les cadavres décoraient les carrefours.
Le bon Nasser Eddine fit demi-tour.
De coup de badine en coup de badine,
Son bourricot le reconduisit en Turquie.
Aussitôt, on l'interroge, on le taquine :
— Enfin est-il le Paradis,
Ce pays dont les mollahs sont rois ?
— Un Enfer ! C'est à vous dégoûter de la foi,
Tous ces hommes d'Église qui au nom des Cieux
Font tuer des créatures de Dieu.
Puis cinquante ans plus tard,
Toujours aussi gaillard,
Nasser Eddine à bord d'une Taliant[41],
Parcourt les provinces des Azéris.
Lors d'une étape, voilà que son turban
Hors de sa tête jaillit
Choqué de bas vers le haut par une jeunesse

---

[41] Taliant : automobile Renault fabriqué en Turquie sur le modèle de la Logan de Dacia.

Aux mollahs ennemie
Depuis l'odieux meurtre de Mahsa Amini[42].
Épouvanté de l'indélicatesse,
Le brave mollah s'en retourna *illico*

Presto
Très loin des peines capitales,
Dans son village, répandre cette morale :

Pour l'Enfer, rien ne sert de changer de monture :
À l'arrivée, la réception est toujours dure.

---

[42] Mahsa Amini, iranienne d'origine kurde, morte le 16 septembre 2023, de coups portés à la tête pendant son arrestation par la police de mœurs de Téhéran pour indécence sous prétexte que son voile ne couvrait pas suffisamment sa chevelure.

17
Les deux Bramines [43] et la Guenon

Au-delà de l'Indus, au pays de Pilpay [44],
Un bramine avec un collègue disputait
Comment élever enfants de bonne façon,
Aucun d'eux n'ayant ni femme ni rejeton.
Le premier qui n'avait pas lu Rousseau
    Tenait pour la rigueur,
  Partisan farouche de férule et cachot.
    L'autre inclinait à la douceur,
    Tout imprégné de son Dolto [45].
Le ton monta, les sages en vinrent aux mains.

---

[43] Bramines : autrement dit brahmanes.
[44] Pilpay, auteur indien auquel on attribue depuis le XVIIe siècle en Europe le plus ancien recueil de fables connu, supposé dater du IIIe siècle avant notre ère. Jean de La Fontaine reconnaît s'être inspiré largement de cet auteur.
[45] Françoise Dolto, (1908-1988), pédiatre et psychanalyste française, autrice de nombreux ouvrages, par exemple : *Les Chemins de l'éducation*, Gallimard, Paris, 1994.

On allait au bobo,
Quand un jeune singe, stimulé du vilain
Tapage, fort habile au lancer de cailloux,
Du portique les chassa dans les choux.
La question en serait restée là suspendue,
Si la maman magot, qui avait entendu,
Ne s'était emparée de quelque branche
Et n'infligeait une franche correction
À son turbulent polisson,
Offrant à nos deux sages leur revanche.
— Cette bête de bon sens me donne raison,
Se vanta le premier bramine.
— Je ne crois pas, lui répond le second,
Que l'homme ait avantage
À prendre aux singes leurs manières et leur mine,
Alors qu'il a le verbe en apanage.
De plus belle la querelle entre eux deux reprend.
En se jetant à la tête des arguments,
Ils s'étrillent, se crêpent le chignon,

Sous les yeux de la guenon.
Elle jugea que ces braillards donnaient
Mauvais exemple à son fiston,
De la branche, elle se fit un bâton.
En un tournemain elle rétablit la paix.

La brute met dans même sac le fou, le sage,
Ils y reçoivent autant de coups en partage.

Accueillit en ses pénates,
Et le rat et la chatte.
Néanmoins il fit payer sa charité :
De deux coups de dents incisifs,
Il trancha un bout de la queue de son rival.
La chose eût pris un tour très négatif,
Le rat prime en denture étant égal,
Si, en jugesse de paix, Raminagrobine,
N'eût mis fin à l'épandage d'hémoglobine.
— C'est un comble, dit-elle en son patois,
Que moi,
Qui, en d'autres temps, vous eusse croqués
Tous deux, vifs ou grillés
Sans autre forme de procès,
Doive séparer deux voisins, —que dis-je ?—,
Deux frères à y regarder de près !
Ainsi donc que la fureur du feu nous oblige
À tous trois de vivre en concorde,
Pour sauver ce que le feu n'a pas dévoré,

Avant que ne le noie des pompiers la horde.
Son avis fut suivi,
Pour le mieux des deux ennemis.

19
Le Kangourou et le Mastroquet

Sur une proposition de Michel D. de Toulouse.

Un soir, un kangourou, sauteur infatigable,
Las de la médiocrité de ses semblables,
Assoiffé d'horizons nouveaux,
Sauta, à vol d'oiseau,
Plus de vingt lieux
Jusqu'à un mastroquet de brousse, désireux
De goûter l'élixir subtil
Distillé aux antipodes
Dont la rumeur disait qu'il
Donnait des ailes aux macropodes
Aussi.
— Hé, patron, un whisky,
Et que ça saute !

L'autre, de derrière son bar, éplapourdi,
    Versa, servit,
        Tendit la note.
L'animal de tirer de sa poche ventrale
Deux billets neufs de la banque centrale
À l'effigie de feue la reine,
Maugréant en son for intérieur sa peine
De payer fort cher un simple baby :
    Dix dollars, pas un prix d'ami.
Le cabaretier alors s'écrie à la cantonade
Tandis que son client sort sur la voie :
— C'est bien la première fois que je vois
Un kangourou boire à la régalade !
— Et à ce tarif, jamais plus n'en reverras.
Dit l'animal, revenu d'un bond sur ses pas.

Ami, sers-toi un autre verre de whisky
Pour jouir du sel de ce récit.
Un troisième te fera voir dans la nuit

La Croix du Sud au lieu de la Grande Ourse.
Un quatrième déclenchera ta course,
Hop, hop, hop, vers les espaces infinis.

20
Le Mouton shooté

À monsieur Vincent L.
du Bois de la Marche des Coudréaux.

Un mouton divaguait sur la voie publique
Quand il s'en vint buter sur un poteau
« Attention animaux »
Au pied d'un gendarme. Ce fut le hic.
— Vous ne bûtes point que de l'eau
Ou pétunâtes de l'herbe hallucinogène !
— J'ai la pépie d'un chameau,
Répondit le mouton sans gêne.
Quant à l'herbe, je n'en connais plus la couleur.
Mon maître est ladre, mon ratelier chiche.
On analysa. Résultat : hachich.
Au barreau, le mouton plaida l'erreur.
— J'ai souvenance qu'un jour, pressé par la faim,

Encore moins sa beu assurément
Qu'il fait croître avec tant de soin.

21
Ubu en Moscovie

Gentils baladins, jouez à la cour des grands
Violons, pipeaux, rebecs, mandolines,
Mais surtout ne vous mêlez point de leurs cuisines,
Sous peine d'extrêmes désagréments.

Loin en terre de Moscovie,
Ubu s'est refait une vie.
Dans ce pays des songes
Où les mensonges
Valent mieux que la vérité,
Le Petit Père Ubu a sa principauté.
Un jour le Czar lui envoya pour sa maison
Une fée du logis : Prigojine est son nom.
Elle voleta ci puis là, toujours habile,
Et, par mille soins adroits, se rendit utile.
Elle enjôla la cour et câlina le roi.

Enfin, elle se démena si bien qu'une fois
On admit en cuisine
Notre fée Prigojine.
Pour l'anniversaire de sire Ubu
Elle y concocte une poutine[46] de son cru,
Epicée de dioxine et de novitchok.
Le goûteur en chut raide mort. Quel choc !
Sus à la vilaine ! sus à cette traîtresse !
Sûr, ça va chauffer pour ses fesses !
La Prigojine s'en moque, elle vole,
La folle !
Hélas pour elle, un missile l'ajuste,
La frappe, l'explose en miettes,
Elle finit dans les assiettes.
C'est juste.

---

[46] Poutine : plat québécois à base de pommes-de-terre frites, sauce brune et fromage fondu.

22
Le Cochon pressé

Certain cochon, épris de modernité,
Vantait à son auditoire alentour,
Tous gens de basse-cour,
Les charmes enivrants de la célérité.
— Songez-donc, me voilà parti,
En cinq heures je suis à Salamanque [47].
C'est un voyage organisé à petit prix,
Nous serons cent vingt si pas un ne manque,
À sentir les frissons de la vitesse,
Par l'effet de l'air, depuis le groin jusqu'aux fesses.
On ne dira jamais assez,
—Aisément, vous en conviendrez—
Les vertus combinées de ces moteurs puissants
Qui nous mènent sur l'autopiste en rugissant

---

[47] Le hasard a fait naître notre cochon en Espagne.

Et des longues remorques ventilées
De transport collectif et partagé.
Au jour dit, cochon embarqué,
Son camion se retourna sur l'autoroute.
Il y eut des morts, il y eut des blessés.
Notre bête compta parmi les rescapés,
Néanmoins de l'abattoir il reprit la route
Et regretta de n'avoir pu
Encore plus longtemps flâner.
Un dindon un peu chansonnier,
Ayant donc lu
Dans une gazette le destin du cochon [48],
En fit une chanson [49].

---

[48] *El Punt Avui+*, n°16524/n°15394, p.2, *Accident amb porcs*.
[49] De la quelle chanson voici le refrain, aimablement communiqué par son auteur en personne, si l'on veut bien me passer l'expression quand il s'agit d'un dindon :
Cochon pressé ohé, ohé
Tu finiras rôti oh oui, oh oui
Aussi vite qu'un mouton, ohé, ohé
Finit méchoui oh oui, oh oui

Il l'appela *Le Cochon pressé*.

Rien ne sert de courir,
Il sera bien toujours temps de mourir.
Fou qui se sera dépêché.

Ça t'apprendra couillon, couillon
À faire confiance aux camions...

En bref, l'orage survenait.
Alors l'éclair luisit
Et de ses feux perça la nuit
Et sa tranquillité.
L'araignée se mut,
La jeune fille s'émut.
Qui, avec pitié,
De cet incident ne devinerait la suite ?
Ce fut autrement que cette histoire finit.
Rêveur, vois ce qui s'en suivit :
L'araignée prit la fuite,
En petit être,
Elle fila par un trou dans la fenêtre.
La pantoufle se carapata sous la porte.
Quant à la fillette, elle s'aplatit,
Au fond de son lit,
cloporte.

24
Où Pinocchio rencontra Barbie

L'ex-marionnette, *signore* Pinocchio,
Devenue sur le tard *impresario*,
Ce jour-là, avait rendez-vous sur la Croisette,
Boulevard de Cannes, avec une vedette.
C'était Barbara, la poupée Barbie,
Mannequin à la plastique jolie.
À l'heure convenue, voici que se présentent,
Une puis dix puis cinquante
Barbie, chacune différente,
Chacune accorte, chacune pimpante,
Toutes escortée d'un Kenneth.
Pinocchio ne sait où donner de la tête.
— Qu'est-ce que c'est que ce bazar ?
Dois-je en prendre une au hasard ?
Les poupées, répondent OK en chœur,
Se jettent toutes sur le contrat à signer

Qui finit en confetti, déchiré.
Pinocchio, paralysé de terreur,
Fût mis en pièces à son tour,
Si la Fée Bleue ne fût venue à son secours.
Elle actionna sa sirène et le tira
À point de ce mauvais pas.

Une icône, ça va.
Cinquante connes, bonjour les dégâts.

25
La Mouche des champs en ville

Lasse des rus secs, des feux et des pesticides
Une mouche des champs se mit en tête,
Un été, de changer de domicile, en quête
De confort, de fraîcheur, bref d'une vie placide.
    Elle vole çà,
    Elle vole là,
S'en vient frapper chez la mouche sa cousine,
Qui squatte en ville un garni fort courtois.
Sa parente l'installe en la cuisine.
Elle, le cellier en résidence s'octroie.
    Bientôt
On entend la rustique bestiole, on la voit,
    Et aussitôt
On la chasse à coups de pantoufle,
La pauvrette en perd le souffle.
Par une fenêtre ouverte, elle trouve sa voie,

Enfin
Regagne ses champs et ses prés et ses bois.
Or le meilleur est pour la fin :
L'araignée qui en sa toile la reçoit,
Lui dit : « Voyez, ma mie, on n'est bien que chez
[soi. »

Comme chantait le phoque en Alaska[50],
Ça ne vaut la peine de laisser ceux qu'on aime.
Il n'y a pas d'ailleurs qui vaillent, en tout cas,
Qu'au prix de sa vie on y essaime.

---

[50] Beau Dommage, *La complainte du phoque en Alaska*, 1974.

26
D'un Chêne à un Roseau

Un chêne d'Amérique au roseau pacifique
Tint un jour ce discours :
— Nous autres, chênes, d'exploits magnifiques
Avons de l'Histoire marqué le cours.
Pas de machines de guerre sans notre bois !
Combien de fois
Tours de siège, balistes, onagres, scorpions,
Bricoles, mangonneaux, trébuchets ou couillards,
Et *last but not least* affûts de canons,
Ont fait des vainqueurs et écrasé des fuyards ?
Et, tenez, pas plus tard qu'hier encore,
Le ploc d'un de nos glands tombé
Sur un capot la mitraille a déclenché :
Deux policiers ont criblé de balles à tort
L'auto où ils retenaient prisonnier

Un suspect sans arme, menotté,
Qu'ils ont cru tirant au pistolet[51]
Voyez d'un simple coup de gland l'effet !
Ne sommes-nous donc pas des êtres formidables
Tandis que vos ancêtres véritables,
En réalité pauvres cannes,
Ou jouaient du pipeau,
Ou servaient au mieux de sarbacanes,
Aptes seulement à asticoter les oiseaux ?
Le roseau hausse les épaules, ne dit mot,
Insensible à ces vains propos.
— Quoi ? Vous ne me répondez point ?
On se fâcherait à moins !
Ainsi le chêne prend-il la mouche. Il enrage.
— Oh, non, dit le roseau, pensif : j'attends l'orage.

---

[51] 12 novembre 2023, 9h 30, comté d'Okaloosa, Floride, É.-U.

27
M. Jourdain et l'orthographe

Il n'est jamais trop tard
De goûter aux délices du savoir
Servis par un maître bavard
Comme ici même on va le voir.

Monsieur Jourdain[52], sa retraite prenant,
Vit ses affaires de tissus, draps et calculs
Avec beaucoup de recul.
Sa vie prenait, alors, un nouveau tournant.
Délaissant toise, boulier et mathématiques,
Il engagea un *coach* pour nouvelles pratiques.
— Que désirez-vous avant tout connaître ?
Lui demanda son nouveau maître.

---

[52] Monsieur Jourdain : personnage principal du *Bourgeois gentilhomme*, comédie-ballet de Molière, 1670.

De l'informatique, *vlogging*, *fitness*,
Je puis vous initier à toutes les finesses.
— De tels brouillaminis me farcir la tête !
Tudieu, non ! Apprenez-moi l'orthographe,
Répliqua Jourdain, pas si bête.
— Laquelle, l'ancienne ou la nouvelle ?
— Quoi ? Il y en a deux ! Première nouvelle.
— Et plus encore, si l'on remonte le temps.
— Je n'en souhaite pas tant.
Que dit-elle, pour voir, l'orthographe nouvelle ?
— Elle dit par exemple :
« Le nénufar de Putiphar[53] finit par une f. »
— Il faudra le dire à « Josef ».
Je ris, mais continuez je vous prie,
Je note sur ma feuille.
—« Le charriot de Phébus roule sur deux r. »

---

[53] Putiphar : dans la *Bible*, officier de la cour de Pharaon. Sa femme fit des avances à Joseph. Notez l'abondance du son [f] dans cette histoire de fesses.

— Bien trouvé, et que sur quatre bien plus léger.
— « Il n'y a pas mille feuilles dans un millefeuille. »
— Ah ! La méchante escroquerie !
Mais fi de ce genre d'enfantillages.
Comment exprimer galamment à une dame
Que tous ses charmes allument ma flamme?
S'il vous plaît ? – À votre âge ?
C'est délicat, essayons malgré tout :
— « Vos appâts, belle dame, sont chaussetrappes
Où mon cœur tombé s'est dissout.
Que vos baisers se hâtent et le happent
Afin de le tirer hors de son trou. »
— Dix sous ! C'est pas cher : quarante liards.
Ni un dollar ni un dinar.
D'un diamant je ferai l'économie,
Oh la belle orthographe ! Grand merci.
Et maintenant, maître, donnez-moi la fessée,
Pardon, ma langue a fourché : la dictée.

28
Deux punaises en taxi

C'était sur une banquette de taxi
Vers les midi
Qu'une punaise de lit croisa sa commère.
L'une quittait Passy, l'autre gagnait Paris
En quête d'emploi, elle pleurait misère.
En effet, punaise de sacristie,
Elle se plaignait des places devenues rares,
Des fidèles que le Diable égare,
Des cures livrées à l'impéritie,
Et de ci et de ça ;
Les griefs venaient en tas.
La première gardait un silence narquois
Devant lequel, à la fin, les larmes tarirent.
— Eh quoi ?
Se récria la deuxième, est-ce que ma peine
Vous laisse insensible et sans gêne?

— Je me retiens de rire,
Il est vain de vous entêter dans le vieux temps.
Reconvertissez-vous, croyez-m'en.
Voyagez, attrapez le train où vont les choses.
Les wagons-lits de l'embauche proposent ;
Ou, comme moi, un meublé fréquentez.
J'habite un studio fort joliment décoré
Avec kitchenette et toilettes sur palier,

De bon rapport.
C'est un Airbnb, j'ai donc un régime varié,
De dix millimètres cubes par succion.
Nous autres revivons un âge d'or
Dont nous tirons grand profit
Y compris de réputation.
Écoutez donc le conte qu'on me fit
À ce propos récemment.
Que je meure si je mens.
Or donc certain Oriental
Ayant quitté son pays vitement

Où il craignait un châtiment capital
Pour avoir chanté très étourdiment
Un air galant pile à l'heure de la prière,
Dans Paris, d'un refuge il fut bénéficiaire.
On lui trouva une chambre proprette d'où
Il voyait la Tour Eiffel. —Oui, c'est fou !
La Tour Eiffel, ma sœur vous m'entendez ?—
Mais le logis était petit et haut perché,
Notre homme habitué sinon à des palais,
Mais à demeures à facilité d'accès.
Bien éduqué, ayant beaucoup souffert,
Il ne pouvait refuser le logis offert.
Refus dans son pays vaut offense mortelle,
Mensonge n'est que faute vénielle.
Que croyez-vous donc qu'il fit ?
Il dénonça la pièce, le lit,
Comme séjour de punaises, des nôtres,
Photo du Net à l'appui sans plus de façons.
Aussitôt à ses hôtes,

29

Le Bûcheron d'Hambach

Un bûcheron d'Hambach[54] ouit parler de trésor
Il s'en fut creuser un trou en forêt.
Ayant foré sur quelques pieds, pas d'or.
— Tant qu'à faire, à creuser un puits, je suis prêt.
Il s'enfonça alors de plusieurs toises.
Pas d'eau. —Bon, allons plus au fond
Car on ne me ferait point noise,
Si je découvrais une veine de charbon,
Se dit notre bûcheron. Pas de veine,
Une fine couche de maigre lignite.
Il s'entête, il s'irrite.
—Qu'à cela ne tienne,

---

[54] 90 % de la forêt d'Hambach, Allemagne, sont déjà détruits au profit de la plus grande mine de lignite d'Europe.

J'irai jusqu'au diamant !
Et de piocher encor comme un dément.
Bientôt le trou fut si profond
Que notre homme ne put en remonter.
Puis un renard distrait vint à y trébucher.
Pis, un bouc les rejoignit au fond,
Puis un blaireau, puis un cerf.
En bref,
Encore un peu toute la forêt s'y trouvait.
Un croquant qui passait
Leur lança une corde.
Ils se firent la courte-échelle
Ainsi se sauva cette horde
Sauf l'homme car il piochait de plus belle.
— Çà ! J'atteindrai bien les Enfers,
Où tous biens me seront offerts.
Autour du trou les animaux venaient en nombre,
Observer l'homme qui creusait ainsi sa tombe.

30
Le voleur de livres

Le voleur de livres, ayant commis son larcin,
Alla se réfugier dans un jardin
Public pour profiter de son butin.
C'était un recueil de fables mutin.
L'homme tourna les pages,
S'échappèrent les divers personnages.
Les voilà, vache, loup, cochon, agneau, couvée,
Fourmi, renard, cigale, corbeau, bûcheron,
Toutes les créatures égaillées
Dans la nature des environs.
Le voleur put rattraper seul le limaçon,
Avant que ne le happât le héron.
Après les autres, le voleur court pourtant
En vain, glisse et tombe dedans
Ces lignes-ci. Il s'y retrouve prisonnier.

Et pour finir,
Ores donc quelle morale ? À qui peut voler
Rien ne sert de courir.

31
Zadig et l'abbé P.

L'ange Jesrad menait Zadig d'une abbaye
À l'autre en Normandie.
Zadig, gêné de son coude foulé,
Se laissait conduire en passager, bercé
Dans sa voiture rouge.
Au détour d'un virage, à Saint-Wandrille,
En avant une silhouette bouge,
Cape, canne, béret en guise de mantille.
C'est de cette contrée,
Le plus fameux abbé.
Jesrad fonce sur le bonhomme.
— Hé, vous allez tuer notre saint homme !
De ce meurtre, on me fera porter le chapeau.
Je serai le citoyen le plus haï du château,
S'écrie Zadig et d'un coup de sa gauche,

32
La Biquette noire sous les bombes

In memoriam Hawa Kamara, (Sierra Leone, 2002—Liban, 2024.)

C'était au pied de la montagne blanche
Une famille de chèvres du Liban.
Thym, serpolet, elles broutaient à franche
Lippée. Le cœur inconscient,
Elles jouissaient avec bonheur de la liberté
Que leur assurait leur prospérité.
Le bouc, féru de politique,
Hantait la capitale et turbinait.
Au logis, une servante venue d'Afrique,
Lavait, cousait, cuisait. Bref, Hawa s'échinait
Sans trêve pour quelques maravédis.
Le soir tomba et le ciel se couvrit.
Au loin, retentit le son des canons.
La mère, inquiète, rassembla ses rejetons,
Fit les bagages.
À la biquette noire, elle tint ce discours :

« Hawa, *illico*, on dégage
Toi, tu nous garderas la maison. »
Pour faire court,
Elle l'enferme sans autre façon.
Surtout ne pas laisser entrer le loup.
Meubles, vaisselle, habits et bibelots,
On la tient comptable de tout.
Prisonnière, voilà son lot.
Elle appelle ses parents, ses amies.
Tous sont loin. Au bon Dieu on la confie.
Le jour vint avec une pluie de bombes,
Le logis devint une tombe.
Parmi les décombres on découvrit,
Bouche ouverte, corps meurtri,
Morte, la chevrette africaine,
Dont les prières avaient été vaines.

Ô mon Dieu, qu'il y ait ailleurs un Paradis
Pour elle puisque l'Enfer fut ici.

33
Le Bœuf, la Chèvre et l'Âne tirant le char de l'État

Le bœuf, la chèvre, et l'âne attelés au char pesant
De l'État ployant sous les dettes
Tiraient l'un à hue, l'autre à dia. Chèvre, au mitan,
Battait l'air de ses sabots fourchus, la pauvrette.
Le cocher sommeillait, ronflant sur son fouet.
— Ce n'est plus possible, s'écria l'âne
En son patois. Changeons de maître !
— C'est ça, réplique le bœuf, envoyons-le paître
Ailleurs ou cueillir la banane.
Il y sera plus utile à la communauté.
Sitôt dit, le cocher est renversé.
Les candidats à la fonction suprême,
Se pressent à l'envi.
Ce fut le lion qu'on choisit
Dans cette circonstance extrême.

Crinière bouffante, rugissements faciles,
Crocs étincelants, griffes rétractiles,
Le fauve plut.
Avec lui, le charroi deviendrait plus agile.
L'équipage le crut.
Aussitôt cocher, le lion tondit, habile,
La chèvre, saigna le bœuf et fit son tambour
De la peau de l'âne balourd.

Ils auraient dû se souvenir, ces trois amis,
De ce qu'il advint des compères jadis
Qui, à la chasse, en compagnie du lion partirent :
Jamais leurs mères ne les revirent.

Tables des fables

1. La Sauterelle, le Grillon et la Cigale en concert p.13
2. Le Crabe et la Crevette à la télé p.17
3. Le Clown maître d'école p.19
4. La Puce sur le dos du Buffle p.22
5. Le Monstre qui a perdu sa sacro-sainteté p.25
6. L'H.S.P. et le dégel p.27
7. L'Escroc en auto p.30
8. La Limace et le Chou p.32
9. La Motarde privée d'aiguade p.37
10. Le Pêcheur roumain et le Chacal doré p.41
11. Le Coyote et l'Oiseau-mouche p.44
12. Carence infernale p.47
13. Le Concile des ânes p.52
14. L'Amateur de minuscule p.57
15. Tournoi d'échecs (ou La Princesse, le Chevalier et le Dragon) p.63
16. Nasser Eddine Hodja fait deux tours d'enfer en Perse p.66

17. Les deux Bramines et la Guenon — p.70
18. La Chatte et les deux rats — p.74
19. Le Kangourou et le Mastroquet — p.77
20. Le Mouton *shooté* — p.81
21. Ubu en Moscovie — p.84
22. Le Cochon pressé — p.87
23. L'Araignée, la Jeune Fille et la Pantoufle — p.90
24. Où Pinocchio rencontre Barbie — p.92
25. La Mouche des champs en ville — p.95
26. D'un Chêne à un Roseau — p.97
27. M. Jourdain et l'orthographe — p.100
28. Deux Punaises en taxi — p.103
29. Le Bûcheron d'Hambach — p.107
30. Le Voleur de livres — p.111
31. Zadig et l'abbé P. — p.113
32. La Biquette noire sous les bombes — p.115
33. Le Bœuf, la Chèvre et l'Âne tirant le char de l'État — p.118

Le Baiser du canon, éditions Cogito, 2016, Prix Rouen Conquérant, 2017.
Ici reposait... Meurtre au Monumental, éditions des Falaises, 2019.
La Fille dans l'arbre, Man Éditions, 2022.
New York Doll, La Poupée new-yorkaise, Man Éditions, 2024.

Avec des illustrations de Martin Bafoil:

Un Havre de paix de paix éternelle, édition revue et illustrée, BoD, 2017.
Clou d'éclat à Étretat, edition revue et illustrée, BoD, 2018.
Hathors et à travers, Histoire merveilleuse d'Amonsourit et de la princesse syrienne, BoD, 2020.

Sous le pseudonyme de Robert-Marc Olès, illustrations de Martin Bafoil:

La Baguette de Circé, nouvelle, kindle éditions, 2016.
Passages, nouvelle, kindle éditions, 2016.